WISSENSCHAFT UND DEMOKRATIE

oder Wissenschafts- und Demokratietheorie

von

Dr. Harun Pačić

Prof. (FH) an der FH des BFI Wien,
Privatdozent der Universität Wien

Harun Pačić

WISSENSCHAFT UND DEMOKRATIE

oder Wissenschafts- und Demokratietheorie

Impulse

(Vorlesungsunterlage)

Bibliografische Information der Deutschen Nationalbibliothek: Die Deutsche Nationalbibliothek verzeichnet diese Publikation in der Deutschen Nationalbibliografie; detaillierte bibliografische Daten sind im Internet über http://dnb.dnb.de abrufbar.

Herstellung und Verlag: BoD – Books on Demand, Norderstedt

ISBN: 978-3-7534-9659-7

Inhaltsverzeichnis

Impulse

PHILOSOPHIE ist (Selbst-)Kritik;[1] kritisches Denken ist die Wurzel der WISSENSCHAFT, aus kritischer Haltung erwächst DEMOKRATIE.[2]

1.

Denken ist Schließen, Kritik ist Öffnen; ihr Bezug ist der *Begriff*.

Der Satz der Identität: „A *ist* A" spricht die *Möglichkeit* der begrifflichen Bezugnahme an, deutet mit dem „ist" der Existenz den möglichen Begriff als *bloße Beziehung* aus.[3]

---

[1] K. W. Zeidler, Grundriss der transzendentalen Logik, 3. Aufl., Wien 2017, Einleitung und § 9: Philosophie sei radikale Reflexion; als solche habe sie kritische Funktion. Sie habe die Voraussetzungen ihrer Kritik, mithin sich selbst zu begründen. Philosophie sei Kritik allen Vorwissens und als prinzipientheoretische Selbstkritik die Theorie der Anwendung ihrer Prinzipien; sie sei Lehre von den Bedingungen der Möglichkeit der Prinzipienerkenntnis (spekulative Logik) und des Erkennens überhaupt (transzendentale Logik), mithin allgemeine Seinslehre (Ontologie) und Lehre der Gegebenheitsweisen dessen, was ist (Phänomenologie).

Zeidlers These, dass die Philosophie *Prinzipienwissenschaft* sei, die als selbst- und letztbegründende Wissenschaft ihre eigenen sowie die Prinzipien aller anderen Wissenschaften ergründe, erwuchs aus der Frage nach dem Wissenschaftscharakter der Wissenschaftstheorie (S. 16 f.). Im Detail s. Zeidler, Vernunft und Erfahrung, Habil., Wien 1986.

[2] Vgl. H. Kelsen, Wissenschaft und Demokratie, Neue Zürcher Zeitung, Nr. 321, 23. Februar 1936, S. 1-2, und Nr. 327, 24. Februar 1937, S. 1-2, zitiert nach dem Nachdruck in: Verteidigung der Demokratie, hrsg. von Jestaedt/Lepsius, Mohr Siebeck, Tübingen 2006, S. 238-247.

[3] Zeidler, Grundriss, §§ 17 bis 19. Die Möglichkeit *jeglicher* begrifflichen Bezugnahme (auf Anschauungen oder Gedanken) setze voraus, dass *Etwas* sei, das als *Dieses* bestimmbar und als *Anderes* unterscheidbar sei. Die Existenz sei der Grund aller weiteren Bestimmung; Bedingung der Möglichkeit des Begriffs, und als Etwas überhaupt *reine* Beziehung.

Wenn „Substanz" nicht „der je konkrete, akzidentiell und relational bestimmte Gegenstand" sei, dann sei sie das transzendentale Substrat der Bestimmbarkeit, „die unmittelbare Beziehungseinheit, die wir als möglichen Begriff bezeichnen" oder „das aller bestimmten Prädikation zugrundeliegende Allgemeine" – *universale ante res* (S. 119 f.).

9

Vor der Erfahrung: *a priori* kann Anderes nur *im* Selben sein; *so* dekonstruiert das *offene* Ich (s)ein ausgrenzendes Selbst.[4]

Ein Sein *ohne* das Seiende ist das *bloße* Erleben: Zustand, Betroffen*sein* – ein *Sich* (Mich).[5]

Unser *Ich* setzt, positioniert sich zwar als *souveränes* Selbst, bleibt aber angesichts der *Spur* davon, was sich ihm nicht *fügt*, *ab*gesetzt, ausgesetzt;

---

[4] Zur Annäherung an *das* Andere vgl. B. Klun, Der Tod als Grenze: Zu einer Schlüsselfrage von Emmanuel Levinas, Prolegomena 6 (2) 2007, S. 235-266. Es geht um die Wahrnehmung und Anerkennung „einer Alterität *jenseits-des-Seins*, die der Selbstbestimmung des Ich die Gewissheit seiner selbst nimmt", wie P. Zeillinger, sagte:»eins zwei, viele … « – oder: Ohne Selbst, aber in Gemeinschaft, in: Flatscher/Loidolt (Hrsg.), Das Fremde im Selbst – Das Andere im Selben, Königshausen & Neumann, Würzburg 2010, S. 225-247 (231).

Die *spurhafte* Erfahrung des Anderen begründet nach Zeillinger bei Levinas keine Gewissheit, kein Wissen, womit oder als welches sich das Subjekt identifizieren könnte. Bringe man sich selbst als *Zeugen* der Alteritätsbeziehung zum Ausdruck und werde in der Ordnung des Seins gleichwie zum Stellvertreter, so eröffne das aber die *Möglichkeit*, vom Subjekt, von nicht mit sich selbst identischer Identität und vom Anderen-im-Selben zu sprechen (S. 231 f.)

Jede Bestimmung des Anderen müsse offen und Offenheit zugleich Bestreitung derselben sein – was verbleibt, sei der Diskurs als *Geste* des Zeugnisses (S. 243 f.).

Kelsen fragte nach dem demokratischen *Charaktertypus*, dem eine politische Anschauung entspreche, „in der die Sehnsucht nach Freiheit durch das Gefühl der Gleichheit modifiziert" werde. Er fand die Antwort in jenem, „bei dem das Erlebnis des eigenen Ich nicht so elementar, nicht so von allen anderen Erlebnissen, dem Erleben alles anderen, dem Erleben des Nicht-Ich verschieden" sei, „als daß das Ich nicht den Anspruch des Du, auch als ein Ich anerkannt zu werden, einfühlend zu honorieren imstande wäre." – s. Wissenschaft und Demokratie, S. 239.

[5] Emmanuel Levinas unternahm es, das Sein *nicht* vom Seienden her zu verstehen, sondern im Aufbegehren als reines *Da*sein, nacktes Sein, mit dem es etwas auf sich hat (frz. *il y a*); wie bei Schlaflosigkeit, die die Grundlegung (Setzung) veranschauliche, in der sich ein Subjekt (objektlos) bestätige. Vgl. Levinas, Ausweg aus dem Sein: De l'évasion, F. Meiner, Hamburg 2005.

in *sozialer* Beziehung setzt sich *Gleich*ordnung durch, sie erhebt sich allzeit *über* m*ich*.[6]

Von Angesicht zu Angesicht, in Ansehung von Betroffenheit entsinnen wir uns der Idee der *Persönlichkeit* – Person ist, wer *normativ* erwarten *darf*.[7]

Als An*recht* begriffen heißen wir sie die zu achtende *Würde;* den Inbegriff menschlicher *Grund*rechte.[8]

---

[6] Aus dem *il y a* könne man – so Levinas – nur im *Akt der Absetzung* der eigenen Souveränität heraustreten, welcher die soziale Beziehung zum Anderen (Autrui) sei: selbst-lose (nicht auf sich selbst bezogene, dés-inter-essé) Beziehung. Vgl. E. Levinas, Vom Sein zum Seienden, K. Alber, Freiburg 2008; derselbe, Die Zeit und der Andere, F. Meiner, Hamburg 2003.

Das Wort „Spur", das Levinas gebraucht hat, umschreibt Zeillinger als Störung der Ordnung, die sich auch nachträglich nicht bruchlos in die phänomenale Ordnung integrieren lasse – P. Zeillinger, Der Ort der Zeit, in: Th. Bedorf und G. Unterthurner (Hrsg.), Zugänge, Ausgänge, Übergänge, Konstitutionsformen des sozialen Raums, Königshausen & Neumann, Würzburg 2009, S. 107-119.

Die Betonung des „über" und im Wort „mich" des „ich" spielt auf das Überich der Psychoanalyse von und nach Sigmund Freud an. Vgl. H. Pačić, Philosophie des Psychischen, Vom Abriss der Psychoanalyse zur Zukunft einer Illusion, BoD, Norderstedt 2020.

[7] Vgl. Zeidler, Bioethik, Menschenwürde und reflektierende Urteilskraft, Synthesis Philosophica, 46 (2/2008), S. 215 ff.; H. Pačić, Das strikte Recht: Zivilrecht, Manz, Wien 2019, Rz. 7 ff.; A. Verdross, Dynamisches Naturrecht, Forum XII/137, 5/1965, S. 233 ff.; Luhmann, Grundrechte als Institution, Ein Beitrag zur politischen Soziologie, 6. Aufl., Duncker & Humblot, Berlin 2019, S. 72, 77; ders., Die Politik der Gesellschaft, 5. Aufl., Suhrkamp, Frankfurt am Main 2019, S. 375; H. Kelsen, Zur Theorie der juristischen Fiktion, Annalen der Philosophie, 1. Bd., 1919, S. 630 ff.; G. Radbruch, Rechtsphilosophie, 3. Aufl., Verlag von Quelle & Meyer in Leipzig 1932, Studienausgabe, hrsg. von R. Dreier und S. L. Paulsen, 2. Aufl. im C. F. Müller Verlag, Heidelberg 2003, § 17.

[8] Vgl. A. Verdross, Die Würde des Menschen in der abendländischen Rechtsphilosophie, FS J. Messner, 1961, S. 353 ff.; ders., Die Idee der menschlichen Grundrechte, Anzeiger der philosophisch-historischen Klasse der Österreichischen Akademie der Wissenschaften, 1954, Nr. 23, S. 335 ff.; ders., Die Erneuerung der materialen Rechtsphilosophie, Zeitschrift für Schweizerisches Recht, 1957, S. 181 ff.

Die *repräsentative* Demokratie würdigt die Menschen durch rechts*politische* Gleich*wertigkeit*, sie drückt den Gemeinwillen im (fairen) *Verfahren* aus;

al*so* ist ihre *Recht*spolitik *Vermittlung* zwischen möglichen gegenläufigen, widerstreitenden Interessen durch (vernünftig) *begründbare* Regulierung.[9]

---

[9] Ch. Möllers, Demokratie, Wagenbach, Berlin 2008, Aph. 9, 12, 14; H. Pačić, Logik, Ethik, Mystik, BoD, Norderstedt 2019, S. 47. Vgl. D. v. d. Pfordten, Rechtsphilosophie, C. H. Beck, München 2013, S. 53-56; M. Frick, Zivilisiert streiten, Reclam, Stuttgart 2019, S. 9 f.

Ch. Möllers spricht vom *Versprechen* wechselseitiger Anerkennung gleicher Freiheit, das freie Willensbildung erfordere, der demokratische Aspekt der Willensfreiheit sei Ausdruck einer *Entscheidung*, mit der wir uns die gleiche *politische* (wertende) Urteilskraft zuerkennen, weil wir uns als für unser Verhalten *verantwortlich* erachten (Aph. 15-17). Die demokratische Willensäußerung bilde nicht ab, was zuvor bestanden habe, sondern bringe zum Ausdruck, was im Verfahren erst entstehe; statt von repräsentativer könne von *expressiver* Demokratie die Rede sein (Aph. 32). Die Abgrenzung zwischen repräsentativer und direkter Demokratie sei irreführend, weil auch die *Volksabstimmung* Verfahren voraussetze; dadurch werden die Debatten auf Alternativen festgelegt, dennoch werde sie umso wichtiger, je weniger ergebnisoffen andere demokratische Verfahren seien (Aph. 33, 34).

Es gebe keinen demokratischen Willen ohne durchsetzbare *Form* – die Form der Demokratie sei *Recht*, das demokratisch gesetzt sei und demokratische Kriterien garantiere (Aph. 35). Es müsse die Möglichkeit geben, den eigenen Standpunkt vorzustellen und den der anderen zu vernehmen, weshalb Meinungs- und Medienfreiheit wichtig seien, doch könne es nicht *mehr* geben als die Auseinandersetzungs*möglichkeit*, denn ließe sie sich erzwingen, so verlöre die demokratische Willensbildung ihre Offenheit (Aph. 36). Konsens sei kein demokratisches Ideal; sie bewahre sich Lernmöglichkeit (Änderung der Ordnung) (Aph. 37).

Ein Ereignis abseits der Form habe *dann* demokratische *Bedeutung*, wenn es plausibel machen könne, von der politischen Mehrheit gewollt zu sein (Aph. 40). Die Form stelle sicher, dass *klar* sei, was gewollt sei; was praktisch folge (Aph. 42).

Möllers hat darauf hingewiesen, dass *demokratische Legitimation* nicht von Vernünftigkeit abhänge (Aph. 53-55).

→

Demokratie ist ein Verfahren zur Willensbildung – der Grundsatz
der Gleichheit nötigt keine Rechtfertigung für das *Wollen*, sondern für
das Sollen ab: was gewollt ist, muss nicht rational begründet, aber ein
Versuch der Gerechtigkeit sein: begründ*bar* muss *das* sein und bleiben,
was *gesollt* ist – nicht Rechts*politik*, sondern *Recht* ist zu rechtfertigen.
Vgl. G. Radbruch, Rechtsphilosophie, § 15.

2.

Unterschiedenheit bei *Gleichheit* ist als *Limitation* denkbar; *so*, wie sie sich im Satz vom Widerspruch: „A ist nicht Non-A"

  ausspricht, der sich „A *ist nicht* Non-A"

    oder „A *ist* nicht Non-A" anhört, also

      als Satz des *ver*botenen bzw. *ge*botenen Widerspruchs, welcher mit dem „ist" der Prädikation die prädikative *Handlung* ausdrückt – die *Ent*scheidung ermöglicht die *Unter*scheidung.[10]

---

[10] Zeidler, Grundriss, §§ 19, 20. Reden wir von *ursprünglicher* Identität, so sei damit auch der Widerspruch zur Identität und die Absicht ihres Beweises gesetzt; der Widerspruch mache die *Bewegung* des Denkens aus. Zur Bestimmung bedürfe es der Vorstellung der Vorstellung, eines Auseinandertretens von Bestimmendem und Bestimmtwerdendem; ihr unmittelbares Unterschiedensein sei als Unterschiedenheit des unmittelbaren Selbstbezugs (des A ist A), als Limitation, als Umkehrung, als affirmierende Negation und negierende Affirmation zu denken: „Dieses ist bestimmt nur dadurch, daß es nicht Nicht-Dieses ist" (S. 127 f.).

A sei die Negation des „Non-A" und zugleich Affirmation des „nicht Non-A"; der Satz vom ge- bzw. verbotenen Widerspruch bezeichne den doppelten Wendepunkt, „an welchem Non-A die Unmittelbarkeit des A *erinnert* oder sich in die festzuhaltende Bestimmung des A *verändert*." *Limitation* könne als Voraussetzung aller begrifflichen Festlegung „nur als der – über die Negation der Negation affirmierte – Zusammenhang von Affirmation und Negation gedacht werden"; das Ist der Prädikation spreche die Unmittelbarkeit des Fremdbezugs und Vermitteltheit des Selbstbezugs an, drücke die *Formung der Aussage* aus. Das Resultat dieser prädikativen Handlung sei nicht umkehrbar, die Handlung selbst aber schon; sie sei qua Limitation die dem Verstand selbstverständlich zugemutete Umkehrung (S. 129 f.).

14

Jede Person *äußert* sich im (Willens-)Akt; sie (er-)fordert Handlungs*freiheit*.[11] Die Negation des gleichen Freiheits*wertes* birgt die Idee der Autokratie.[12]

Bürgerliche Freiheit ist der ureigene Kern der Demokratie, das ist die Idee der Freiheit als: politische Selbstbestimmung, *beschränkt* durch die Idee persönlicher Gleichheit – zur Freiheit des *Kompromisses*, des Ausgleichs der politischen Gegensätze, zu sozialem Frieden.[13]

---

[11] Vgl. F. von Zeiller, Das natürliche Privat-Recht, 3. Aufl., K. F. Beck, Wien 1819, S. § 40; Schnabel, Das natürliche Privatrecht, K. Gerold, Wien 1842, Einleitung.

[12] H. Kelsen, Wissenschaft und Demokratie, S. 240. Je stärker der Wille zur Herrschaft, desto geringer die Wertschätzung der Freiheit: radikale Ungleichheit zwischen Herrscher und Beherrschten sie die apriorische Voraussetzung autokratischer Staatsformen, die *charakterlogisch* dem Typus des gesteigerten Ich-Bewusstseins entspreche. Identifiziere sich das Subjekt mit seinem Über-Ich, dem Ideal-Ich und repräsentiere ihm der Diktator dasselbe, trage dies zur Erhöhung des Selbstbewusstseins bei; Identifikation mit der Autorität sei das Geheimnis des Gehorsams.

[13] Kelsen, Staatsform und Weltanschauung, J. C. B. Mohr (P. Siebeck), Tübingen 1933; H. Pačić, Europäische Grundrechte, BoD, Norderstedt 2020, S. 26.

Die Idee der Demokratie vereinige Freiheit und Gleichheit als zwei Postulate praktischer Vernunft, Urinstinkte des geselligen Lebewesens. Die *Synthese* dieser beiden *Prinzipien* charakterisiere die Demokratie. Politisch frei sei, wer zwar untertan, aber nur seinem eigenen, keinem fremden Willen untertan sei. Soll *Gesellschaft* möglich sein, so müsse aus der Freiheit der Anarchie die Freiheit der Demokratie werden. Der Gedanke eines Gesellschaftsvertrages sei demokratie*begründend*, ihre Fortbildung erfolge hingegen durch Mehrheitsbeschluss in *Annäherung* an die ursprüngliche Idee – mehr Stimmen haben nicht mehr *Gewicht*, zeugen aber von größerer *Nähe* zur Idee der Freiheit. Vgl. Kelsen, Vom Wesen und Wert der Demokratie, 2. Aufl., J.C.B. Mohr, Tübingen 1929, Nachdruck: Reclam, Stuttgart 2018, Kap. I.

Freiheit könne *an sich* keine soziale Ordnung begründen, da sie nur als normative Bindung soziale Verbindung: *Gemeinschaft* konstituiere. Das politische Subjekt der Freiheit ziele darauf nicht allein für das *Ich*, sondern auch für das als wesensgleich empfundene *Du*. Die Idee der Gleichheit müsse jene der Freiheit *beschränken*, damit demokratische

Mit politischer Freiheit ist geistige Freiheit verbunden.[14]

Dem *Austausch*verhältnis von Regierung und Opposition, das dadurch nahegelegt ist, liegen ein *Verhältnis*wahlrecht, das *freie* Mandat und Persönlichkeitsrechte nicht fern, denn Repräsentation ist *An*vertrauen;

Rückbezüglichkeit des *Mehrheits*beschlusses *auch* auf die Minderheit, Wechsel*beziehung*, zu*mut*bare *Dritt*wirkung.[15]

Gesellschaftsform zustande kommen könne. Vgl. Kelsen, Wissenschaft und Demokratie, S. 239.

[14] Vgl. H. Kelsen, Verteidigung der Demokratie, hrsg. von Jestaedt und Lepsius (2006), S. 236 – die geistige Freiheit umfasse insb. die Freiheit der Wissenschaft und ihrer Lehre.

[15] Vgl. N. Luhmann, Die Politik der Gesellschaft (2019), S. 84 ff.; Pačić, Europäische Demokratie, Working Paper Series by the University of Applied Sciences BFI Vienna, No. 109/2019, S. 8.

H. Kelsen, Vom Wesen und Wert der Demokratie, Kap. VI, zufolge setzt der Begriff der Majorität die Existenz der Minorität und das Recht der Majorität deshalb die Existenz*berechtigung* einer Minorität voraus. Minoritätsschutz sei die wesentliche Funktion der Grund- und Freiheits- oder Menschen- und Bürgerrechte, die verfassungsrechtlich garantiert seien. Die typische Form, durch die die Verfassungsgesetze gegenüber den einfachen Gesetzen qualifiziert seien, sei das erhöhte Quorum *und* besondere, etwa Zweidrittel- oder Dreiviertel-Majorität (S. 76 f.).

Von der Tendenz, die Majorität zu gewinnen gehe die Wirkung aus, dass zwei Gruppen verbleiben, „indem die innerhalb der Gemeinschaft wirksamen zahlreichen Differenzierungs- und Spaltungstriebe *bis auf einen einzigen grundsätzlichen Gegensatz überwunden werden*." Sind sämtliche politischen Gruppen im Verhältnis ihrer Stärke im Parlament vertreten, so stelle sich die *tatsächliche Interessenlage* dar. (S. 79, 85)

Kelsen, Wissenschaft und Demokratie, S. 240 f., hob hervor, dass die Demokratie Autorität beschränke; sie sei keine absolute Herrschaft, sie anerkenne mit der Majorität eine Minorität an, die sie auch schütze. Aus der fortwährenden Spannung zwischen Regierung und Opposition entstehe das für die Staatswillensbildung charakteristische dialektische Verfahren. Demokratie sei Diskussion; das Ergebnis des Prozesses zur Willensbildung sei der Kompromiss, der inneren Frieden gewährleiste.

Der Kritik, dass das Mehrheitsprinzip ungeeignet sei, eine sachlich richtige Bindung des Gemeinschaftswillens zu garantieren, weshalb die *Besten* herrschen sollen, hielt Kelsen entgegen, dass ja gerade in Rede stehe, *was* das Beste und *wer* beste Person sei, *wie* das mit absoluter

Besteht die Bereitschaft zur *gemeinsamen* Entscheidung; zu gemeinschaftlicher Willens*bildung*, so ist die *demokratische* Identität gegeben.[16]

Sicherheit zu ermitteln sei. Die Auswahl der Amtsinhaber erfolge in der Demokratie im hellen Lichte des öffentlich kontrollierbaren Verfahrens, sei hingegen in der Autokratie in ein mystisches Dunkel gehüllt, wo die rationale Methode auf Ablehnung stoße. Dahinter verberge sich meist eine höchst unkritische und wundergläubige Verherrlichung der Macht. (105 ff.) Vgl. Kelsen, Verteidigung der Demokratie, hrsg. von Jestaedt und Lepsius (2006), S. 234 f., wo er überdies festhält, dass die Politiker keine *Fachleute* zu sein brauchen, denn „die Bestimmung des Zwecks, die Setzung des Zieles, und insbesondere die Aufrichtung des letzten sozialen Ziels" liege jenseits des Bereichs der fachlichen Erwägungen; Streit (Uneinigkeit) *zwischen* Fachleuten (Experten) könne nur politisch *entscheiden* werden, wenn es um die Setzung von Maßnahmen gehe, weshalb eine *berufsständische* Organisation nur als beratendes Organ, nicht als entscheidendes Organ möglich sei.

Mit Bezug auf das *freie Mandat* sagt Möllers, Demokratie, Aph. 50, dass es nicht dazu diene, Abgeordnete von jedem informellem Einfluss zu befreien, sondern sie *verantwortlich* zu halten.

[16] Möllers, Demokratie, Aph. 59; in Aph. 60 steht: „Das Volk erkennen wir nur am Funktionieren demokratischer Verfahren." In Aph. 63 ist zu lesen: „In der Demokratie erkennen wir uns als gleich frei und ansonsten unterschiedlich an. Damit ist die Vielfalt von Lebensformen in der Demokratie keine Besonderheit, sondern selbstverständlich." Überdies bemerkt Möllers, dass demokratische Identität zwar nicht notwendig areligiös sei, aber jedenfalls das Versprechen gleicher Freiheit wahren müsse (Aph. 65). Die Unterscheidung zwischen „links" und „rechts" sei „der Platzhalter für den demokratischen Dauerkonflikt", Konsens sei „nur für Fragen zu haben, die niemandem bewusst sind oder keinen interessieren" (Aph. 66).

17

3.

Der Satz vom ausgeschlossenen Dritten: „A ist entweder B oder Non-B, *tertium non datur*" schließt „A ist B" und „wenn B, dann Non-B" ein, wobei das B jenes „nicht Non-A" ist, das sich als *das Andere* des A zur Bestimmung von A verändert hat: das A ist ein *Dieses*, also auch ein Anderes geworden und kann nur als solches *gedacht* werden.[17]

Kein Objekt ist ohne Eigenschaften, Substanz ist nicht ohne Akzidens; keine Identität ohne Alterität – das Subjekt *ist* schon angesprochen, es ist eingesetzt, erlebt sich als angesprochen: Beziehung ist *vor* der Erfahrung.[18]

---

[17] Zeidler, Grundriss § 21, S. 135 ff; in Fn 34 steht: „das Ding und seine Eigenschaften, die Ursache und ihre Wirkung, das Ganze und seine Teile sind selbander. Keines ist ohne das andere das, was es ist, und so ist jegliches das andere seiner selbst – ein Gleichgültiges."
Dass A nur als B im Denken festgehalten werden könne, sei dem Erkennen des Verstandes immer schon vergessene Voraussetzung; es habe A schon immer als B und B als A gedacht. Nachdem das A und das B gleichermaßen zu Bestimmten und Bestimmungen wurden, seien beide nur noch in ihrer Komplementarität denkbar: „als *Substanz*, die ihren Akzidentien subsistiert und als *Akzidentien*, die ihrer Substanz inhärieren oder als *Funktion*, die ihre Wertefolge definiert und als *Funktionswerte*, die ihre Funktion erfüllen" (S. 137).
[18] Zum Ansatz von Levinas und Derrida vgl. M. Flatscher, Was heißt Verantwortung? Zeitschrift für Praktische Philosophie Bd. 3, H. 1, 2016, S. 125-164, der festhielt, dass das Subjekt nicht frei und zurechenbar sein müsse, um Verantwortung übernehmen zu können, denn *Freiheit* und *Zurechenbarkeit* zeigen sich im (Er-)Finden des Umgangs mit dem (Ver-)Antworten-müssen (S. 143). Für die Konstituierung des Subjekts sei die Verortung in einem widerstreitenden Anspruchsfeld vonnöten, denn aus und in ihm breche die Notwendigkeit auf, „auf konfligierende Appelle zu antworten und damit Urteile zu fällen, diese begründen und rechtfertigen zu müssen, ja ein Maß zu (er-)finden", es konstituiere sich also, indem es nach bestem Wissen und Gewissen Gerechtigkeit ins Werk zu setzen versuche und für diese Entscheidung fortan einzustehen habe (S. 150). Der Autor betont die Singularitätssensibilität *bei* Universalisierbarkeit: jegliche institutionalisierte Ordnung müsse unter

Berufung auf die Situation, d.h. das je singuläre Anspruchsgeschehen, kritisierbar und revidierbar bleiben (S. 160 f.).

S. Seitz, Gerechtigkeit, ethische Subjektivität und Alterität, Zeitschrift für Praktische Philosophie Bd. 3, H. 1, 2016, S. 165-202, machte darauf aufmerksam, dass sich bei E. Levinas die Subjektwerdung im Angesicht der Forderung nach Gerechtigkeit *vor* aller Zweckrationalität und Teilhabe vollziehe (S. 167 f.). Die Subjektivität müsse sich *als* vom Anderen eingesetzte und ihm ausgesetzte begreifen (S. 173). Alterität könne allerdings „nicht ‚bewiesen', sondern nur ‚bezeugt' werden,", „in einer Sprache, die darum ringt, dieser Alterität ‚gerecht' zu werden" (S. 175). Zum vernünftigen Ringen um Gerechtigkeit vgl. H. Pačić, Die Rechtsethik der Rechtschaffenen, JRP 2019, S. 10-23.

E. Levinas sah sich mit der Frage befasst, wie der Andere in Person *gedacht* werden kann, ohne ihn der Andersheit zu berauben, da er *wie ein Objekt* (physisch) erscheint. Er stellte fest, dass von Metaphysik insofern die *Rede* sein könne, als es um Machtlosigkeit bzgl. Alterität geht. In uns sei die Idee des *Un*endlichen hineingelegt, ein Begehren ohne Befriedigung, das al*so* des Anderen Exteriorität verstehe; es gehe nicht um Wissen, sondern um Beziehung zum *absolut* Anderen, zumal das Subjekt – Ich *nicht* transzendieren könne, weil es sich selbst in der Transzendenz mitnehmen würde. Der Andere (wohl als metaphysische Person) sei stets mehr als das, was erkennbar sei, bleibe unverfügbar, sodass seine Andersheit bzgl. meiner Immanenz eine Transzendenz bedeute, absolut sei, keine Totalität zulasse. Vgl. Levinas, Totalität und Unendlichkeit: Versuch über die Exteriorität, K. Alber, Studienausgabe, Freiburg 2013.

Levinas dachte Identität des Subjekts offen für das Erfassen des Unfassbaren; Lesen (Hören, Vernehmen, Empfangen) des Sagens, das sich im Gesagten ausdrückt; das *Antlitz*, das sich im Gesicht zeigt, denn wie im Gesagten das Sagen, so sei im Angesicht das Antlitz *nahe*. Das Subjekt verstand er nicht von der Gattung, einem Wesen oder seinem (Selbst-)Bewusstsein, sondern vom Anderen (Absoluten) her, als der-Andere-im-Selben, wodurch das Subjekt, das sich als *Erstes* setzt, von dem, was über es hereinbricht, zum *Zweiten* abgesetzt wird: Das Ich erlebt sich insofern als *Ich*, als es vom Anderen *betroffen* ist. In der Niederlegung des auf das Endliche Bezogenen; in der Positivität des Unendlichen sah er verantwortete Annäherung an jenen, von dem der-Selbe immer schon angesprochen war. Sensibilität, Empfänglichkeit für Alterität sei *eigentliche* Subjektivität des Subjekts: *Stellvertretung* für den Anderen. Die subjektive Freiheit sei keine der Initiative (Aktion), sondern der *Re*aktion: Ich *muss* mich *selbst* setzen, um mich absetzen zu können: mich zum Anderen in Nicht-Indifferenz (nicht gleichgültig)

Erfahrung ist die aller Wissenschaft *vor-* sowie *auf*gegebene *Sinninstanz*; sie ist als *Problem* zu verstehen, Wissenschaft*en* als Problem*lösungsverfahren*.[19]

Der Zusammenhang von Erfahrung, Gegenstandsbereich, Hypothese und Theorie *ist* ein solcher zwischen dem Problem, der Festlegung des Problems, dem Entwurf von Strategien zur Problemlösung und der Problemlösung.[20]

---

zu verhalten – ich *verantworte* Verhalten. Vgl. Levinas, Jenseits des Seins oder anders als Sein geschieht, K. Alber, 3. Aufl., Freiburg 2011.

Levinas führte aus, wie sich *im* Sein die enthüllte Transzendenz in Immanenz verwandelt, das Außerordentliche in eine Ordnung fügt, das Andere im Selben aufgehoben wird, *aber* eine *Spur* verbleibt: Störung der Ordnung in der Welt, *wie* eine nicht reduzierbare Verwirrung. Er nannte die Weise des (absolut) Anderen, in Erscheinung zu treten, das *Rätsel* (Enigma). Die Andersheit offenbare sich im Antlitz, das *sich* von Angesicht zu Angesicht ausdrücke; derart sei Andersheit erfahrbar. Die die Ordnung verwirrende Alterität sei nicht ver*gleich*end auf Differenz zurückzuführen. Obwohl sich Verwirrung als Dazwischenkunft ereigne, bedürfe sie eines Fremden, der gewiss komme, aber fort sei, bevor er angekommen sei – los-gelöst in seiner Manifestation. Vgl. Levinas, Die Spur des Anderen, K. Alber, Freiburg 2012; derselbe, Humanismus des anderen Menschen, F. Meiner, Hamburg 2005. Das ab-solut Andere sei insofern im konkreten Anderen fassbar, als es die Ordnung des Seins übersteige. Vgl. Zeillinger, Phänomenologie des Nicht-Phänomenalen, in: Blaumauer/Fasching/Flatscher (Hrsg.), Phänomenologische Aufbrüche, Peter Lang, Frankfurt am Main 2005, S. 161-179 (169).

Für J. Derrida und A. Badiou wird Subjektivität (Subjekt-Werdung), wie Zeillinger liest, nur am gelebten Zeugnis der spurhaften Erfahrung eines geschichtseröffnenden differ*a*nten Ereignisses erkennbar. Vgl. P. Zeillinger, Zeugnishaftes Subjekt, in: M. Zichy/H. Schmidinger (Hrsg.), Tod des Subjekts? Tyrolia, Innsbruck 2005, S. 243-262.

[19] K. W. Zeidler, Prolegomena zur Wissenschaftstheorie, Königshaus & Neumann, Würzburg 2000, S. 102 ff – zur Einheit der Wissenschaft im Zusammenhang der Momente des Forschungsprozesses, dargestellt im *Regelkreismodell*. Die den Zusammenhang stiftenden Verfahren seien die universellen Methoden, welche *Wissenschaftlichkeit* garantieren – also das methodologische Apriori, das seinen Gegenstand konstituiert, indem es ihn reguliert (S. 119).

[20] Zeidler, Prolegomena, S. 117.

Reguliert ist der Zusammenhang im Wege konstruktiver Methoden der Festlegung des Problems durch *Definition* und *Konvention*, induktiver Methoden des Problemlösungsentwurfs durch *Annahme* und *Versuch*, weiters deduktiver Methoden der entscheidungstheoretischen *Hypothesenauswahl* wie auch der beweistheoretischen *Theorienanalyse,* endlich auch reduktiver Methoden der *Theorienüberprüfung* und -*konditionierung*, der Forschungsprozess ist sowohl von stabilisierenden als auch von dynamischen Momenten bzw. Verfahren durchzogen.[21]

Diese universellen Methoden sind *logische*, weil sich der selbstregulative logische Zusammenhang des Schlusses darin ausdifferenziert.[22]

---

[21] Zeidler, Prolegomena, S. 119 f. und 123, in Anlehnung an W. Flach, Grundzüge der Erkenntnislehre, Königshausen & Neumann, Würzburg 1994, S. 394 ff., 453 ff. und 560 ff. – ebenso bzgl. der Unterscheidung von *universellen*, *speziellen* und *spezifischen* Methoden; die spezifische Methode der Logik sei zugleich allgemeine Methode.

[22] Zeidler, Prolegomena, S. 162 f.

4.

Vor dem Wissen ist sozialer *An*spruch, der sich nachträglich als Gewissen äußert.[23] Des Dritten – der Gemeinschaft bedarf es, um Trennung und Vermittlung zu ermöglichen;

Alterität ist *a priori* im Plural.[24]

---

[23] Vgl. Pačić, Philosophie des Psychischen, S. 18. Vgl. zum Subjekt nach J. Lacan: B. Fink, Das Lacansche Subjekt, Turia + Kant, Wien 2006.

[24] Wer sich von der Alterität her versteht, hält an Nähe, Gemeinschaft; Vulnerabilität, Ausgesetztheit fest, die eine Erfahrung erst ermöglicht. Levinas sprach von Inversion des Seins zum *Zeichen*, meinte Bezeugen von *Beziehung* – Verantwortung für den Anderen sei unmittelbar, gehe der Anfrage voraus, sei Nähe, welche gestört, problematisch werde mit Eintritt des Dritten. Vgl. Zeillinger in Flatscher/Loidolt, Das Fremde im Selbst, S. 235 f. und 240 ff.

Solange mir der Andere *in* der Welt begegne, sei die Differenz nicht spekulativ, sondern; *so* Klun, *leiblich konkret*: als eine Nicht-Indifferenz der Nähe, die den Anderen zum *Nächsten* mache. Vgl. Klun, Andersheit und Verstehen, Synthesis Philosophica 67 (1/2019), S. 141 ff. (150). Vgl auch die Einleitung von L. Wenzler zu: Levinas, Humanismus des anderen Menschen (2005).

Körperlichkeit (Leiblichkeit) zeigt sich *als* und *in* der Vulnerabilität. Vgl. P. Zeillinger, Nachträgliche Humanität und der Ansatz der Gemeinschaft beim späten Levinas, in: Den Menschen im Blick, Phänomenologische Zugänge, FS für G. Pöltner (70 Geb.), hrsg. von R. Esterbauer und M. Ross, Königshausen & Neumann, Würzburg 2012, S. 89-108; F. Pistrol, Vulnerabilität, Erläuterungen zu einem Schlüsselbegriff im Denken Judith Butlers, Zeitschrift für Praktische Philosophie Bd. 3, H.1, 2016, S. 233-272.

Für Levinas ist die sinnliche Erfahrung des Leibes von allem Anfang an *inkarnierte* Erfahrung: ich bin dem Anderen gegenüber *ausgesetzt*; das Leibliche ist der Ort der Begegnung, *Empfänglichkeit*. Vgl. „bodily ontology" bei J. Butler, z.B. in der Einleitung zu: Raster des Krieges, Campus, Frankfurt am Main 2010.

B. Klun, Synthesis Philosophica 67 (1/2019), S. 151 ff., nahm eine „Rückführung der ethischen Bedeutung des *Gesichts* bei Levinas auf die intentionale Offenheit des Subjekts bzw. des Bewusstseins," das sich dafür „zuallererst öffnen muss", vor, indem er fragte, *wie* ich mich öffnen muss, damit mich die phänomenale „Erscheinung des Gesichts", das mich immerzu anspricht, „seine *unendliche ethische Bedeutung* ,treffen' und betreffen kann"; indem er das sich *so* bildende Verstehen als ein solches sah, das den Anderen *als* Anderen versteht. Solcherart, so sagte er, „treffen sich die ontologische und die ethische Dimension." Der ontologische Horizont sei nun keine Totalität, sondern Suche nach derjenigen Modalität des Seins, die mir die „Wahrheit" des Anderen erscheinen lasse – „die ethische Bedeutsamkeit, die an der äußersten Grenze des Verstehens und des Seins stößt."

Klun, „Bin ich der Hüter meines Bruders?", öarr 2008, 399 ff. (407), erläuterte: „Auch wenn ich den Anderen meiner Macht unterwerfe, [...] so verfüge ich dennoch nicht über ihn. Trotz seiner vermeintlichen Ohnmacht bleibt er mir gegenüber transzendent – er leistet einen ethischen Widerstand, den ich nie beugen kann. Die Ethik übersteigt die Ordnung des Seins (Ontologie). Die Macht des Antlitzes geht Hand in Hand mit der grundsätzlichen Ohnmacht des Anderen, mit seiner Nacktheit, Verwundbarkeit und Zerbrechlichkeit. Das ethische Geschehen verbindet damit auf sonderbare Weise das Bitten und Gebieten." Der ethische Anspruch des Anderen sei Verbot des Tötens und zugleich die Aufforderung, auf Not und Bedürftigkeit zu antworten. Das Gebot, das sich ausspreche, rufe mich zu einer Antwort, zur Verantwortung, wobei diese aus einer ursprünglichen Situation heraus erwachse, in der ich mich immerzu befunden habe; der ich mich nicht entziehen könne. Die Zumutung der Unendlichkeit der Ethik an den berufenen endlichen Menschen offenbare die unendliche Menschenwürde (S. 409).

P. Zeillinger in Esterbauer/Ross, Den Menschen im Blick, S. 89-108, hielt zum Verständnis des Menschen bei Levinas fest: Die Bestimmung des Menschen begründe sich aus ethischer Beziehung als Beziehung von radikaler Alterität. Das Ich erfahre sich in der Alteritätsbeziehung dem Anderen gegenüber als nachträglich, denn der oder das Andere begegne aus einer unvordenklichen Vergangenheit, die durch keinerlei Erinnerung eingeholt werden könne. Obwohl es, er, sie also unendlich getrennt sei von jeder Vergleichbarkeit mit dem Ich, berühre, störe, beunruhige, gehe er, sie, es mich jedoch an. Der Andere-im-Selben werde zum an-archischen, nicht grundhaften Grund der Rede vom Ich. Von einem Anderen betroffen sein können, bedeute: einen *Leib* haben (Sensibilität, Empfänglichkeit; die sinnliche Erfahrung sei immer schon inkarnierte Erfahrung). Das leibliche Subjekt sehe sich dem Anderen ausgesetzt. Das Ich fände sich ob dieser Erfahrung in einer Situation der Singularität; Einzigkeit, des Gerufen-seins. Das Subjekt sei sohin diejenige *Instanz*, die zu einer *Umkehrung* der Beziehung zum Sein gerufen werde – sie sei nämlich aufgerufen, die Seins-Ordnung in eine ethische Beziehung zu verwandeln: als zeugnishaftes Subjekt, wobei sein Zeugnis auf *performative* Weise die Alteritätsbeziehung bezeuge. Das Ich müsse Verantwortung gegenüber Ansprüchen übernehmen, mit denen es konfrontiert werde. Mensch sei nach alledem bei Levinas durch Verantwortung für seine Antwort(en) bestimmt.

25

5.

Gedankliche Bestimmtheit *kann* bestritten werden, doch kann der *zureichende* Grund für Zweifel an B in Bezug auf A nur ein *anderes* B sein.[25] Kognitive Offenheit kennt keinen Abschluss.

Das Rechtssystem operiert normativ geschlossen, aber kognitiv offen, sohin ohne *End*gültigkeit schlüssig begründeter Normen; die Möglichkeit der kritischen Rückfrage nach ihrem Geltungs*grund* lässt sich nicht ausschließen.[26]

Die Politik der Demokratie hält deshalb an der Ethik der *Toleranz* fest.[27]

---

[25] Zeidler, Grundriss § 21. Das *B* im Satz der Bestimmbarkeit: „A ist B" sei das nicht in die Unterschiedslosigkeit des „A ist A" zurückgesunkene „nicht Non-A". Das *Non-B* im Satz vom ausgeschlossenen Dritten habe eine andere Bedeutung als im Satz vom zureichenden Grund (wenn B, dann Non-B), denn im ersteren sei es die im Hinblick auf A *bestimmte Negation* eines anderen B, in letzterem die nur *abstrakte, unbestimmte Negation* des einen B (S. 138 f.).

Man *könne* zwar bezweifeln, ob die Sonne wieder aufgehen; ob es einen nächsten Morgen geben wird, *müsse* es aber nicht und werde es *vernünftigerweise* auch nicht tun, solange es dafür einen zureichenden Grund gibt. Dieser könne nicht die bloß unbestimmte Negation des B sein; Non-B sei im Satz vom zureichenden Grund nicht die Bedingung, sondern das Bedingte. Allein die im Satz vom ausgeschlossenen Dritten angesprochenen B, die beide Andere (B) für Dasselbe (A) und zugleich füreinander Non-B seien, würden zum Zweifel an B nötigen (S. 138).

[26] Vgl. P. Zeillinger, Recht gegenüber dem (herrschenden) Recht, Zur Geschichte und Bedeutung des Asyls, Vortrag vom 22. April 2016 an der Universität Wien, Tagung: Flucht und Asyl, Sozialphilosophische Perspektiven, Manuskript – die *vor*rechtliche Asylflucht: Hikesie, Asylie sei *Berufung* auf eine Grundlage des Zusammenlebens, *Indikator* für ein Problem gesellschaftlichen Zusammenhalts, *Anrufung* einer nicht identifizierbaren, sondern nur symbolisch repräsentierten Letztinstanz; ungeachtet aller Souveränität. Zur „leeren Stelle" der Souveränität vgl. P. Zeillinger, Repräsentation einer Leerstelle, oder: Auszug ins Reale, Interdisciplinary Journal for Religion and Transformation (2018), H. 7, S. 212-282 (240 ff.).

[27] Vgl. Kelsen, Wissenschaft und Demokratie, S. 241. Demokratischer *Charakter* neige zur relativistischer Grundanschauung, halte *absolute* Wahrheit, absolute Werte für der Erkenntnis verschlossen und tendiere

Wenn und weil *alles* einen zureichenden, *nichts* einen ersten oder letzten Bestimmungsgrund hat, *bleibt* wissenschaftlicher *Fortschritt* möglich.[28]

Fortschritt vollzieht sich *in* der anhaltenden Spannung von Meinung und Gegenmeinung im Rückgriff auf Erfahrung; falls sich die Erwartung der Erfahrung verschließt, befördert sie den politischem Absolutismus, Autokratie.[29]

Der empirische Gegenstand, Gegenstand der Erkenntnis, Seiendes ist *nicht* das Gegebene, sondern das (als räumlich, zeitlich dimensioniert) Gedachte.[30]

---

zum vermittelnden Ausgleich zwischen gegensätzlichen Standpunkten, „von denen man sich keinen ganz und vorbehaltlos und unter völliger Negation der anderen zu eigen machen kann". Zum Lebensprinzip der Demokratie gehöre nicht die wirtschaftliche Freiheit des Liberalismus, denn es könne auch eine sozialistische Demokratie geben, dafür aber eine geistige Freiheit – jene der Meinungsäußerung, die Glaubens- und Gewissensfreiheit, das Prinzip der Toleranz und insb. „die *Freiheit der Wissenschaft* in Verbindung mit dem Glauben an die Möglichkeit ihrer *Objektivität*." Verfassungen der Demokratien *zeugen* von diesem Geist.

Kapitalismus sei keineswegs wesentlich mit Demokratie verbunden. Vgl. Kelsen, Foundations of Democracy, Ethics, Bd. 66, Nr. 1, Teil 2, S. 1-101 (68 ff.).

[28] Zeidler, Grundriss § 21. Das Non-B im Satz vom zureichenden Grund könne *allerlei* Anderes bedeuten, sodass nie eine „letzte" Wirkung oder „erste" Ursache zu finden, in der empirischen *Forschung* aber immerzu ein Fortschritt möglich sei (S. 139).

Vgl. Kelsen, Foundations of Democracy, Ethics, Bd. 66, Nr. 1, Teil 2, S. 1-101 (S. 27 f.); ders., Was ist Gerechtigkeit? (F. Deuticke, Wien 1953), Reclam Nr. 18076, Stuttgart 2000, mit Nachwort von R. Walter.

[29] Vgl. Kelsen, Wissenschaft und Demokratie, S. 242. In der *Autokratie* gebe es keine Diskussion und keinen Kompromiss, sondern nur Diktat; so könne auch nicht von Meinungs-, Glaubens- und Gewissensfreiheit die Rede sein. Wer sich der Autorität widersetze, gelte nicht nur als im Unrecht, sondern auch als im Irrtum. Wissenschaft könne nicht länger frei sein und diene als Werkzeug zur Beförderung der Interessen der Herrschenden; das Irrationale werde höher bewertet als das Rationale. Sei das absolut Gute bekannt, so mache eine Abstimmung keinen Sinn.

[30] Zeidler, Grundriss § 23. Die Zeit und der Raum seien reine Schemata: ursprüngliche Verhältnisbestimmungen, die jegliches irgendwann und

irgendwo allererst dimensionieren: „Es ‚gibt‘ daher [...] weder ‚die Zeit‘ noch ‚den Raum‘, [...] sondern es wird vermittels verschiedener Zeit- und Raumdimensionen in unterschiedlicher Weise zeitlich und räumlich Dimensioniertes gegeben. [...] *das Gegebene ‚gibt‘ es nicht, sondern nur solches, das gegeben wird.* Der empirische Gegenstand ist daher immer schon das Gedachte" (S. 151 f.).

6.

Erkenntnis ist Wissen, das aus der *Einheit* ihres (subjektiven) Vollzugs und ihres (objektiven) Bezugs in der Sprache resultiert – sie ist die selbstbezügliche Beziehung von Aufgabe, Vorgabe, Verständigung (Gebaren) und Ergebnis.[31]

Erkenntnis*kritik* fundiert in der Erkenntnislehre theoretische Zusammenhänge zwischen den mentalistischen Aufklärungs-, naturalistischen Erklärungs-, linguistizistischen Klärungs- sowie szientistischen Abklärungsversuchen.[32]

---

[31] Zeidler spricht vom *Sach-*, *Subjekt-* und *Sprach*bezug der Erkenntnis, die *jemandes vermittelbares Wissen von etwas* sei. Das Problem (nicht das Phänomen) der Erkenntnis steckt Zeidler durch vier Momente ab: sie habe Bezug auf das Erkenntnisobjekt – *Objektivität*; sie sei Vollzug des Erkenntnissubjekts – *Subjektivität*; sie sei Beziehung vermittels des Erkenntnismediums – Vermittelbarkeit, *Logizität*; und kraft Vermittlung Erkenntnisresultat – Vermitteltheit, *Modalität*. Vgl. seine Einführung in die Erkenntnislehre, Skriptum zur VO im WS 2009/10 an der Universität Wien, erstellt von L. Rendl, S. 6 ff. Vgl. N. Hartmann, Grundzüge einer Metaphysik der Erkenntnis, 5. Auflage, de Gruyter, Berlin 1965, S. 44.

Für H. Kelsen, Wissenschaft und Demokratie, S. 238, ist die „echte" Wissenschaft nur auf „objektive Erkenntnis der Wirklichkeit" gerichtet; sie enthält sich jeder „subjektiven Bewertung". Der Objektbezug wird zu Lasten des Subjekt- und Sprachbezugs *über*betont. Der Grund dafür ist nicht zu verkennen: die *erkenntnismäßige* Unterscheidung zwischen Demokratie und Autokratie sei nicht mit *willensmäßiger* Entscheidung zwischen beiden zu verwechseln – der *Denk*-Akt sei kein *Willens*-Akt.

[32] Zeidler positioniert die Erkenntniskritik als systematisierende Grunddisziplin theoretischer Philosophie, die er bei Ausrichtung auf Subjekte, Objekte, Sprache und Wissenschaft in Anthropologie, Ontologie, Logik und Wissenschaftstheorie gliedert; Einf. in die Erkenntnislehre S. 15 ff. Vgl. H. Wagner, Philosophie und Reflexion, E. Reinhardt, München/Basel 1959, S. 15; W. Flach, Grundzüge der Erkenntnislehre, Königshausen & Neumann, Würzburg 1994, S. 143 f.

Empirische und formal-axiomatische Begründungsverfahren münden zwangsläufig in einen infiniten Regress, verlaufen sich in einem logischen Zirkel oder werden willkürlich abgebrochen, wenn nicht *rational:* schlüssig und weil der *Schluss* nicht als ein selbstbegründender Zusammenhang von Deduktion, Induktion und Abduktion gedacht wird.[33]

Deduktion ist der Schluss von Regel (Obersatz) und Fall (Untersatz) auf das Resultat (Konklusion), Induktion jener von Fall und Resultat auf die Regel, und Abduktion jener von Regel und Resultat auf den Fall – die Subsumtion eines Besonderen unter ein Allgemeines erfordert die induktive Erschließung des Allgemeinen *und* die begriffliche Bestimmung des Besonderen;

die Abduktion bringt „als logische Synthesis, die den Fall zur Regel und damit die Anwendbarkeit der Regel‟ eröffnet, „den Aktus der begrifflichen Bestimmung und Begriffsbildung‟ zur Sprache.[34]

---

[33] Zeidler, Grundriss § 29, S. 198. Vgl. H. Albert, Traktat über kritische Vernunft, Mohr, Tübingen 1968, S. 13 – sog. Münchhausen-Trilemma.
[34] So Zeidler, Prolegomena, S. 158 ff. Die Abduktion gestatte uns eine transzendental-logisch relevante Schlusslehre, da sie den Schluss nicht mehr nur als tautologische Verknüpfung gegebener Prämissen oder als approximatives Verfahren der Regelbegründung, sondern als logische Synthesis zu denken erlaube.

Die philosophische Frage nach den Bedingungen der Möglichkeit der Erkenntnis erfahre im Schluss ihre letztverbindliche Antwort, „weil die drei Schlüsse die selbstregulative logische Einheit bilden, als welche die Letztbegründung oder die Regel aller Regeln‟ zu denken sei, denn die Etablierung einer Regel bedürfe der drei Synthesishandlungen: „die Deduktion exekutiert die Regel, die Induktion formuliert die Regel, indem sie ihre möglichen Anwendungsfälle antizipiert, und die Abduktion identifiziert den jeweiligen Anwendungsfall‟ (S. 161).

Die *Ausdifferenzierung* der ursprünglichen logischen Synthesis in die universalen Methoden erfolge *so* wie die Ausbildung der Logik zu einer spezifischen Formalwissenschaft aufgrund der Vorgabe, dass ein Aussagensystem als gegeben vorausgesetzt und im Hinblick auf das deduktive Moment der Synthesis unter den Aspekten der Ableitbarkeit,

Das *Subjekt* der Prädikation konkretisiert sich selbst, indem es den allgemeinen Erkenntnis*grund* im Begriff als Idee *setzt*; abduktive Setzungen gilt es induktiv zu bewähren und deduktiv zu stabilisieren.[35]

Beweisbarkeit und Widerspruchsfreiheit analysiert werde. Die Vorgabe, wovon die universalen Methoden ausgehen, sei keine spezifische; sie gehen „vom *Problem* aus und thematisieren diese universale Vorgabe zunächst schrittweise im Hinblick auf das abduktive, induktive und deduktive Moment der logischen Synthesis durch die konstruktiven Methoden der Problemfeststellung, die induktiven Methoden des Entwurfs von Problemlösungen und die deduktiven Methoden der (entscheidungs- und beweistheoretischen) Absicherung der Problemlösung, um dann in einem vierten Schritt – durch die reduktiven Methoden der Theorienüberprüfung und Theorienkonditionierung – die zunächst isolierten Momente der logischen Synthesis" wieder zusammenzufügen (S. 162 f.). Weder der dreieinige Schluss noch einer der drei Schlüsse sei mit einer der universalen Methode gleichzusetzen, „denn Methoden sind nicht reine logische Funktionen der Erkenntnis überhaupt, sondern logische Funktionen, die der Gewinnung und Stabilisierung von Erkenntnissen dienen, indem sie zwischen der reinen logischen Synthesis und dem Problem vermitteln" (S. 163).

[35] Zeidler, Grundriss § 30 (S. 200) und Nachtrag (S. 313) spricht von einem Transzendental-Allgemeinen als Idee oder Sinnallgemeines – *universale ante res*, das Identifikation von etwas als etwas ermögliche und somit die prädikative und präsentative Synthesis vollziehe, die wir als Teilhabe-Relation von Denken und Sein stetig in Anspruch nehmen. Davon seien das Subsumtions- und das Repräsentationsallgemeine zu unterscheiden – *universale post res* bzw. *universale in rebus*.

Das Transzendental-Allgemeine, Sinnallgemeine sei Voraussetzung und Setzung zugleich, denn die Idee bevölkere keine der Sinneswelt entzogenen Ideen- oder Verstandeswelt, und die Universalien stünden zueinander nicht im raum-zeitlichen Verhältnis, sondern im Verhältnis wechselseitiger Begründung (S. 315 f.).

Ein Begriff hat die *Funktion,* Gegenstände der Erkenntnis zu bezeichnen (Sinn) *oder* Umstände der Erfahrung darzustellen (Gehalt) *oder* Zustände des Erlebens auszudrücken (Wert); ist er zudem gesättigt, sodass er Sinn, Gehalt *und* Wert verknüpft, so bringt er ein *regulatives* Prinzip zur *Geltung.*[36]

Der Gedanke ist insofern ein *Satz,* als er *sinn*voll, sohin: verständlich ist, weil *das,* was er besagt, *gehalt*voll ist – Urteil; oder (entweder nur oder auch) *wert*haltig ist – Werturteil, also Stellungnahme, dass etwas: wahr, schön (angenehm) oder gut (angemessen, angebracht) ist.[37]

---

[36] Vgl. Zeidler, Grundriss § 24. Der Begriff sei die dialektische Einheit analytischer und synthetischer Einheit der Apperzeption; weder bloßer Merkmalskomplex noch willkürliches Abstraktionsprodukt, sondern ein Erkenntnisgrund, der „als problematische adaequatio rei et intellectus (Verstand als ‚Vermögen der Begriffe') der assertorischen Bestimmung im Urteile (Urteilskraft) und der apodiktischen im Schlusse (Vernunft) bedarf" (S. 166 f.).

[37] Der Satz ist nicht mit dem Satzzeichen gleichzusetzen (Lautzeichen, Gebärenzeichen, Schriftzeichen) und es kann werthaltige Sätze geben, also sinnvolle Sätze, die gehaltlos sind, d.h. nichts abbilden; *so* wie die Tautologien der mathematischen Logik, die formal Richtiges aufzeigen und also auf einen Aspekt der Wahrheit bezogen sind. Metaphysische Sätze sind zwar gehaltlos, weshalb sie teilweise als *un*sinnig bezeichnet werden; aber nur dann, wenn sie keinen Wertbezug aufweisen, sinn*los* in dem Sinne, dass es sich um *Schein*sätze handelt, die nichts besagen. Vgl. im *An*satz: R. Carnap, Theoretische Fragen u. praktische Entscheidungen, Natur und Geist 2, 1934, S. 257-260; L. Wittgenstein, Logisch-philosophische Abhandlung, Suhrkamp, 37. Aufl., Frankfurt am Main 2018; H. Pačić, Logik, Ethik, Mystik: Philosophie und Rechtslehre, BoD, Norderstedt 2019, Erster Vortrag; Wissenschaftliche Weltauffassung: Der Wiener Kreis, hrsg. vom Verein Ernst Mach, Arthur Wolf Verlag, Wien 1929. Gegen die „Wissenschaftliche Weltauffassung" des Wiener Kreises führt Zeidler, Prolegomena, S. 11, ins Treffen, dass „die hehren Vorstellungen, die sie sich von wissenschaftlicher Rationalität gemacht haben, für die rationalen Voraussetzungen der Wissenschaft" gehalten werden; so sei ein Ideal mit der Wirklichkeit verwechselt worden, man habe sich auf ein einseitiges Methodenideal konzentriert.

7.

Das Prinzip *aller* Prinzipien – forma formarum – die sich selbst regulierende Regel der Etablierung von Regeln, begründendes und sich selbst begründendes Denken nennen wir *Vernunft*.[38]

Die Wirklichkeit der Vernunft begreift als *Form* sowohl Natur oder Kausalität als auch Kultur oder Freiheit in sich und sie ist zugleich davon umgriffener *Inhalt*.[39]

Das *denkende* Subjekt ist ein transzendentales, das sich kraft reflektierenden Urteilens als Vernunftwesen konstituiert; der abduktive Schluss bedarf der reflektierenden Urteilskraft, weil er *gewagt* ist: der Begriff ist derart zu setzen, dass er von regulativen Prinzipien zeugt, die abbilden, was als Urbild, Idee: Erkenntnisgrund *gilt*.[40]

---

[38] Vgl. Zeidler, Grundriss S. 316, spricht von geforderter Vernunft und vom *Ringen* endlicher Vernunftwesen um die Explikation der Vernunft.
[39] Vgl. Zeidler, Grundriss § 28, S. 188.
[40] Vgl. K. W. Zeidler, Synthesis Philosophica, 46 (2/2008), S. 215 ff.; Zeidler, Die Dialektik der praktischen Vernunft und ihre Maximen, in: FS für E. Heintel (80. Geb.), Philosophia perennis, Teil I, hrsg. von H. Klein und J. Reikerstorfer, P. Lang, Frankfurt am Main 1993, S. 257 ff.

Die Setzung ist *dann* nicht willkürlich, wenn und weil sie als *getreues* Zeugnis diskursiv erfolgt – als Wagnis, das in *Hin*kunft verpflichtet, von der Zu*kunft* her verbindet.[41]

Ethik und Politik sind Eins in der Pflicht zur rationalen und *öffentlichen* Rechtfertigung: zur Gerechtigkeit, die im Kommen bleibt, und *so* als *Kriterium* für Rechts*kritik* gegenwärtig ist.[42]

---

[41] „Es gilt", sagte P. Zeillinger, „jene Regeln zu (er-)finden, die das hier und jetzt ins-Werk-zu-Setzende als ein der Zukunft angemessenes, von der Zukunft her bestimmtes Handeln ausgewiesen haben wird", wobei diese Zu-kunft, da sie „im-Kommen" ist, niemals im Präsenz endgültig benannt werden könne. Vgl. ders., Jacques Derrida: Gott im Kommen, in: Für eine schwache Vernunft? hrsg. von Hardt/Stosch, M. Grünewald Verlag, Ostfildern 2007, S. 66-83 (68 f.)

H. Kelsen bemerkte in seinem 1932 in den Blättern der Staatspartei, 2. Jahrgang, S. 90-98, erschienenen Beitrag über die Verteidigung der Demokratie, deren Verlust ihm absehbar schien, dass das Bekenntnis zur Demokratie auch dann Pflicht sei, wenn jeder Versuch, sie zu retten völlig aussichtslos geworden wäre, denn es gebe eine *Treue zur Idee*, die unabhängig sei von der Chance, diese Idee zu realisieren; und es gebe *Dankbarkeit* für eine Idee, die über das Grab ihrer Verwirklichung hinausgehe – nachgedruckt in: Verteidigung der Demokratie, hrsg. von Jestadet/Lepsius (2006), S. 229-237 (231).

[42] Angesprochen ist die *Notwendigkeit* fortwährender Verantwortung und die *Ausrichtung* des rationalen Diskurses. Vgl. R. Forst, Das Recht auf Rechtfertigung, Suhrkamp, Frankfurt am Main 2007.

P. Zeillinger, »Kriterien« für Recht und Gerechtigkeit, Ethica 2003, S. 61 ff. (65), sprach von „Kriterien", die „keine letzten positiven Urteile erlauben [...], aber [...] die negative Gestalt eines Imperativs erkennen lassen, der auch letzte Verantwortung ermöglicht."

H. Kelsen hat das *Prinzip der Publizität* als charakteristisch für die Demokratie unterstrichen – vgl. Verteidigung der Demokratie, S. 234.

Rechts*kraft* greift der Gerechtigkeit vor, setzt das Recht der rechtsethischen Kritik aus.[43] Recht ist ein soziales System, das sich als Ordnung *justiziabler* Normen begreift;

im Wege der Formung des Rechts drücken *wir* Geltung von Achtsamkeit, *Verträglichkeit* als Grund für die Gültigkeit von Normen aus.[44]

Gerechtes ist gerecht*fertigtes* Recht: *Recht*, das annehmbar ist – *juristischer* Diskurs ist gewagt, weil er *entscheidend* dafür ist, ob die Norm als *sozial*verträglich gegolten haben wird, was das Werturteil abnötigt, dass bei Rechtschaffenheit als Tugend seine *Wirksamkeit* erwartet werden darf.[45]

---

[43] Vgl. J. Derrida, Gesetzeskraft, Der „mystische Grund der Autorität", Suhrkamp, 8. Aufl., Frankfurt am Main 2017; A. Merkl, Die Unveränderlichkeit von Gesetzen – ein normlogisches Prinzip, JBl 1917, S. 97 f. und 109-111; derselbe, Das Recht im Spiegel seiner Auslegung, Dt. Richterzeitung 1917, H. 7/8, S. 3-42.

[44] H. Pačić, Kein Anrecht auf Unrecht, BoD, Norderstedt 2021, S. 85.

H. Kelsen, Vom Wesen und Wert der Demokratie, Kap. VI, S, 80 f., erläuterte den „Kompromiss" als das „Zurückstellen dessen, was die zu Verbindenden trennt, zugunsten dessen, was sie verbindet" und sagte, das sei ein „sich vertragen" und ein „Ausgleich politischer Gegensätze".

[45] Vgl. Pačić, Kein Anrecht auf Unrecht, S. 57, 73. Derrida, Gesetzeskraft, S. 46, 49 ff. und 56 f., sprach von der Unentscheidbarkeit; von Gerechtigkeit, die *im Kommen bleibt*.

Zeillinger, Ethica 2003, S. 61-69: „*In* oder *mit den Regeln* muss der Richter (aber auch jeder andere Akteur) die Regeln transzendieren und damit Gerechtigkeit *stiften*." Der angemessene, gerechte Akt müsse im Einzelfall sowohl „erfunden" werden als auch den Regeln entsprechen, die ihn erkennbar machen, woraus sich ergebe, dass Gerechtigkeit nie *in der Gegenwart* ausgesagt werden könne. Gerechtes Tun erfordere freie und verantwortete Entscheidung, ihre Angemessenheit sei jedoch unentscheidbar (nicht errechenbar, ableitbar) – Unentscheidbarkeit sei das „Kriterium" der Entscheidung (S. 66 f.).

H. Kelsen, Was ist ein Rechtsakt? Österr. Zeitschrift für öffentliches Recht, Neue Folge, 4. Bd., 1951/52, H. 3, S. 263-274, hat betont, dass eine rechtsverbindliche Entscheidung ein *Willensakt* sei, wodurch eine Norm gesetzt werde.

Eine Rechtsentscheidung muss daraufhin befragbar bleiben, inwiefern sie als gerecht *gelten* kann.[46] Gerechtigkeit muss sich rechtlich allzeit *ereignen* können.[47]

---

[46] Mit P. Zeillinger, Ethica 2003, S. 67, ließe sich fragen, inwiefern die Entscheidung über eine willkürliche oder aber bloß bestimmten Regeln folgende hinausgeht. Gerechtigkeit bleibe ausständig, sei aber als ein Mehr *im* Recht gegenwärtig, gegen die Gewalt des Rechts einklagbar: Nur jene Rechtsanwendung, die auf ihren Bezug auf die Gerechtigkeit hinterfragbar, also *dekonstruierbar* bleibe, entgehe der Identifizierung als „Ideologie". Viel Missverständnis im Streit um die Demokratie führte Kelsen auf mangelnde Unterscheidung zwischen Ideologie und Realität zurück; Kelsen, Vom Wesen und Wert der Demokratie, Kap. II, S. 22.

[47] Derrida, Gesetzeskraft, S. 56 f., pflegte „vielleicht" zu sagen, wenn es um Gerechtigkeit geht: „Die Gerechtigkeit ist der Zukunft geweiht, es gibt Gerechtigkeit nur dann, wenn sich etwa ereignen kann, was als Ereignis die [...] Regeln, die Programme [...] übersteigt." Als Erfahrung der absoluten Andersheit sei sie nicht darstellbar, doch liege darin die *Chance* des Ereignisses.

Nach A. Badiou ist ein *Ereignis* das Hereinbrechen (Präsentation) des Unendlichen in die Welt, ohne ebendarin repräsentiert werden zu können; es stellt eine Singularität in der ontologischen Normalität einer Situation dar. Allein das Subjekt benenne ein Ereignis, das aber weder bewiesen noch restlos aufgewiesen, nur bezeugt werden könne – das *Bezeugen* bringe ein Subjekt hervor, das diesem *treu* bleibe. Ereignis und Zeugnisakt *verändern* die Situation. Bezeugen erfolge im Modus der Vorzukunft (Futur II); es geht also darum, ein Ereignis ins Werk zu setzen – einen Akt zu setzen, der ein gerechter gewesen sein wird. Vgl. A. Badiou, Das Sein und das Ereignis, diaphanes, Berlin 2005; P. Zeillinger, Dem Ereignis nach-denken, Hat Badious Philosophie eine Zukunft? in: J. Knipp/F. Meier (Hrsg.), Treue zur Wahrheit, Die Begründung der Philosophie Alain Badious, Unrast, Münster 2010, S. 221-237.

Gefährdet sei die „Wahrheit" des Ereignisses, wenn es anstatt mit Leere („Unnennbares") mit Fülle identifiziert werde (Trugbild); wenn der Zeuge dem Ereignis nicht treu sei, sondern sein eigenes Interesse verfolge (Verrat); wenn die Intervention nicht als zu verantwortendes *Wagnis* erachtet, sondern ihr absolute Macht/Wahrheit zugeschrieben werde (Desaster). Vgl. A. Badiou, Ethik, Versuch über das Bewusstsein des Bösen, Turia + Kant, Wien 2003.

8.

Prinzipien, Normen oder Regeln bedürfen des Falles, den sie prinzipiieren, normieren oder regeln:

Die *Exemplifikation* einer Regel geht mit der *Identifikation* eines Falles;

die *Formulierung* der Regel mit der *Antizipation* der Fälle;

die *Exekution* der Regel mit der *Subsumtion* des Falles unter die Regel einher.[48]

Wer *beobachtet*, ist ein die Regeln exekutierendes und Fälle subsumierendes Subjekt der Erkenntnis;

wer *beteiligt* ist, ist ein Regeln formulierendes und Fälle antizipierendes Subjekt der Erfahrung;

wer *betroffen* ist, ist ein die Regeln exemplifizierendes, die Fälle identifizierendes Subjekt des Erlebens.[49]

---

[48] Zeidler, Grundriss S. 318 f. Die ursprünglichen Synthesisfunktionen des Begriffs seien bloß die irreduziblen Arten des Zusammenhangs von Regel und Fall. Der „Fall" habe jedoch jeweils eine andere ontologische Bedeutung, d.h. „der qua Exemplifikation der Regel identifizierte Fall ist nicht identisch mit dem qua Formulierung der Regel antizipierten Fall und dieser ist nicht identisch mit dem unter die Regel subsumierten Fall, d.i. dem Gegenstand der Erkenntnis." Der Gegenstand verdanke seine Einheit der in der Idee gegründeten, im Schluss sich auslegenden *systematischen Einheit*.

[49] Zeidler, Grundriss S. 320 bis 323. Das Subjekt könne als *Beobachter* sich nur *dem Gegenstand* gegenüber positionieren, welchen es erkannt habe; es sei wesentlich das seine Erkenntnisse mitteilende, ordnende und überprüfende Subjekt. Das *Induktions-* oder Referenz*problem* sei ein Problem, das dann entstehe, wenn man meine, man könne aus der Warte der dritten Person über Gegenstände der Erfahrung sprechen. Da man Erfahrungen *machen* müsse, ehe man solche als Erkenntnisse *haben* könne, bleibe das Induktionsproblem von dieser Perspektive aus nicht lösbar. Für den handelnd *Beteiligten* stelle sich das Problem nicht; er bewege sich nicht in einer Welt von Gegenständen (Sachverhalten), sondern in einem Gefüge von Umständen, das er handeln oder leidend erfahre. Was er erfahre, das sei als Einzelnes der *Repräsentant* eines Allgemeinen.

Diesen drei *Funktionen* des Subjekts entsprechen Exekutive, Legislative und Judikative, worauf sich *Staats*gewalt *verteilt*.[50]

Staat ist die strukturelle Koppelung von Recht und Politik in der zur Gemeinschaft *verfassten* Bevölkerung; das staatliche Recht ist positiv (förmlich), zwangsbewehrt (durchsetzbar) und wirksam (effektiv).[51]

Dem *Betroffenen* sei die Welt und also er sich selbst als ein Gewebe von Bedeutungen erschlossen; er lebe in einer sinndurchtränkten Welt von Zuständen, die er hier und jetzt erlebe. Diese Unmittelbarkeit des Erlebens generiere Allgemeines, das in Umstände der Erfahrung sowie Gegenstände der Erkenntnis investiert würde. Diese Setzung sei auch Voraussetzung, weil ständig zwischen den *Positionen* changiert würde.

[50] Vgl. H. Kelsen, die Lehre von den drei Gewalten oder Funktionen des Staates, Archiv für Rechts- und Wirtschaftsphilosophie XVII (1923/24), S. 374 ff. A Merkl, Gesetzesrecht und Richterrecht, Wissenschaftliche Vierteljahresschrift der Prager Jurist. Zeitschrift, 2. Jahrgang, 1922, H. 12, S. 337-344, nannte die Rechtsprechung eine gesetzlich delegierte Rechtsquelle. Im System des Gesetzesrechts sei das Richterrecht keine Ausnahme, sondern (als unvermeidliche Ergänzung des Gesetzes) eine ausnahmslose Regel.

[51] H. Pačić, Kein Anrecht auf Unrecht, Vortrag zur Rechtstheorie, Kap. 2, S. 18 ff. Vgl. H. Kantorowicz, Staatsauffassungen, JB für Soziologie I, Braun, Karlsruhe 1925; ders., The Concept of the State, Economica Nr. 35 (Feb. 1932), S. 1-21; H. Kelsen, Das Verhältnis von Staat und Recht im Lichte der Erkenntniskritik, Zeitschrift für öffentliches Recht, 2. Bd., 1921, S. 463-510; ders., Das Wesen des Staates, Internationale Zeitschrift für Theorie des Rechts, 1926/27, S. 5-17; ders., Der Staatsbegriff und die Psychoanalyse, Almanach für das Jahr 1927, Internationaler Psychoanalytischer Verlag, Wien 1927, S. 135-141; ders., Staat und Recht, Zum Problem der soziologischen oder juristischen Erkenntnis des Staates, Kölner Vierteljahres-schrift für Soziologie, Reihe A: Soziologische Hefte, 1922, S. 18-37; ders., Staatsform und Rechtsform, Zeitschrift für öffentliches Recht, V. Band, 1925/26, S. 73-93; ders., Staatsform und Weltanschauung, Mohr (Siebeck), Tübingen 1933; A. Merkl, Baustile des modernen Staates, Universitas: Zeitschrift für Wissenschaft, Kunst und Literatur, Stuttgart 1946, S. 225-241.

Die Verfassungsgerichtsbarkeit ist eine staatsrechtliche Absicherung der Rechtsstaatlichkeit; sie entkoppelt Macht und Ermächtigung.[52]

---

[52] H. Kelsen, Wesen und Entwicklung der Staatsgerichtsbarkeit, Veröffentlichungen der Vereinigung der Dt. Staatsrechtslehrer 1929, H. 5, S. 30-88; ders., Wer soll der Hüter der Verfassung sein? Die Justiz, 6. Bd., 1931, S. 5-56; A. Merkl, Die Funktion der Verfassung, Forum, XI. Jahrgang, 1964, H. 132, S. 583-586.

9.

Demokratie ist als eine Methode genereller Rechtsetzung ein *arbeitsteiliger* Prozess einer in *Parteien* geteilten Gemeinschaft, die *diese* nicht nur zum *Parlament* (aus-)wählen, sondern auch wieder abwählen kann.[53]

---

[53] Kelsen, Vom Wesen und Wert der Demokratie, Kap. II und III.

Die Gliederung des Volkes in politische Parteien bedeute, dass die organisatorische Bedingung zum Zustandekommen des Kompromisses zwischen entgegengesetzten Interessen, sonach „die Möglichkeit dafür geschaffen wird, dass sich der Gemeinschaftswille in der Richtung einer mittleren Linie bewege" (S. 38). Die Demokratie sei notwendig und unvermeidlich ein Parteienstaat (S. 30).

Der *Parlamentarismus* stelle sich als ein Kompromiss zwischen der demokratischen Forderung der *Freiheit* und dem den sozialtechnischen Fortschritt bedingenden Grundsatz *differenzierender Arbeitsteilung* als Bildung des maßgeblichen Staatswillens durch ein vom Volk aufgrund eines allgemeinen und gleichen Wahlrechts gewähltes Kollegialorgan, nach dem Mehrheitsprinzip (S. 44 ff.). Politische Rechte müssen *nicht* an Staatsbürgerschaft gebunden werden (S. 26.); sie setzen aber eine *Integration* voraus, welche Verständigung und Verträglichkeit auf Basis und im Rahmen der gemeinsamen Verfassung ermöglicht (S. 90 f.).

Kelsen, Foundations of Democracy, Ethics, Bd. 66, Nr. 1, Teil 2, S. 1-101, hat die demokratische Wahl als solche bezeichnet, die auf dem *allgemeinen*, *gleichen*, *freien* und *geheimen* Wahlrecht beruht (S. 3). Demokratie könne kein Ein-Partei-System sein (S. 10). (Vgl. T. Snyder, On Tyranny, Crown, New York 2017, S. 26 ff.)

Die Kraft der politischen Integration durch Gesetzgebung im Parlament *bindet* die Vollziehung an das Gesetz (Prinzip der Legalität).[54] Während die Opposition die Regierung kontrolliert, entzieht *Bürokratisierung* die Verwaltung dem parteipolitischen Einfluss (Entpolitisierung).[55]

Wissenschaft wahrt die Unabhängigkeit der Rechtsprechung mithilfe *der* Begründungsanforderung, die der *demokratischen Haltung* entspricht.[56]

---

[54] H. Kelsen, Demokratisierung der Verwaltung, Zeitschrift für Verwaltung, 54. Jahrgang, Wien 1921, H. 1, S. 5 ff.; ders., Geschworenengericht und Demokratie, Das Prinzip der Legalität, Neue Freie Presse, Wien, Nr. 23128 vom 3. 2. 1929, S. 2; ders., Justiz und Verwaltung, Zeitschrift für soziales Recht 1929, S. 1-25.
Die Gliederung der politisch Berechtigten in politische Parteien führt nach Kelsen von dem gewaltfreien Abreagieren des politischen Affekts (ohne diesen zu unterdrücken) über Parteienkoalitionen zur politischen Integration; ders., Vom Wesen und Wert der Demokratie, S. 86, 89 f.
[55] Vgl. H. Kelsen, Das Problem des Parlamentarismus, Soziologie und Sozialphilosophie, Schriften der Soziologischen Gesellschaft in Wien, H. III, Wilhelm Braumüller, Wien/Leipzig 1925; ders., Zur Soziologie der Demokratie, Der österreichische Volkswirt, 19. Jahrgang, 1926, H. 8/9, S. 209-211, 239-242; ders., Demokratie, Schriften der dt. Gesellschaft für Soziologie, I. Serie V. Bd., Verhandlungen 5. dt. Soziologentages in Wien, Tübingen 1927, S. 37-68, 113-118.
D. Stasavage, The Decline and Rise of Democracy, Princeton University Press 2020, ist der Ansicht, dass die frühe Demokratie als Ersatz für fehlende Bürokratie fungiert habe, wohingegen diese die moderne Demokratie ergänze.
[56] Vgl. H. Kelsen, Vom Wesen und Wert der Demokratie, Kap. 10. Am Beispiel des Arbeits- und Sozialrechts verdeutlicht: H. Pačić, Arbeits- und Sozialrecht: Rechtsgrundsätze der Sozialstaatlichkeit, 3. Auflage, NWV, Wien 2020.

Literatur

Badiou, Das Sein und das Ereignis, diaphanes, Berlin 2005.

Badiou, Ethik, Versuch über das Bewusstsein des Bösen, Turia + Kant, Wien 2003.

Butler, Raster des Krieges, Warum wir nicht jedes Leid beklagen, Campus, Frankfurt am Main 2010.

Carnap, Theoretische Fragen u. praktische Entscheidungen, Natur und Geist 2, 1934, S. 257-260.

Cramer, Das Problem der reinen Anschauung, J.C.B. Mohr (P. Siebeck), Tübingen 1937.

Derrida, Gesetzeskraft, Der „mystische Grund der Autorität" 8. Auflage, Suhrkamp, Frankfurt am Main 2017.

Fink, Das Lacansche Subjekt, Turia + Kant, Wien 2006.

Flach, Grundzüge der Erkenntnislehre, Königshausen & Neumann, Würzburg 1994.

Flatscher, Was heißt Verantwortung? Zeitschrift für Praktische Philosophie Bd. 3, H. 1, 2016, S. 125-164.

Forst, Das Recht auf Rechtfertigung, Elemente einer konstruktivistischen Theorie der Gerechtigkeit, Suhrkamp, Frankfurt am Main 2007.

Frick, Zivilisiert streiten, Zur Ethik der politischen Gegnerschaft, Reclam, Stuttgart 2019.

Hartmann, Grundzüge einer Metaphysik der Erkenntnis, 5. Auflage, W. de Gruyter, Berlin 1965.

Kantorowicz, Staatsauffassungen, Jahrbuch für Soziologie I, Braun, Karlsruhe 1925.

Kantorowicz, The Concept of the State, Economica Nr. 35 (Feb. 1932), S. 1-21.

Kelsen, Das Problem des Parlamentarismus, Soziologie und Sozialphilosophie, Schriften der Soziologischen Gesellschaft in Wien, Heft III, Wilhelm Braumüller, Wien/Leipzig 1925.

Kelsen, Das Verhältnis von Staat und Recht im Lichte der Erkenntniskritik, Zeitschrift für öffentliches Recht, 2. Bd., 1921, S. 463-510.

Kelsen, Das Wesen des Staates, Internationale Zeitschrift für Theorie des Rechts, 1. Jahrgang, 1926/27, S. 5-17.

Kelsen, Demokratie, Schriften der deutschen Gesellschaft für Soziologie, I. Serie V. Bd., Verhandlungen des 5. Deutschen Soziologentages in Wien, Tübingen 1927, S. 37-68, 113-118.

Kelsen, Demokratisierung der Verwaltung, Zeitschrift für Verwaltung, 54. Jahrgang, Wien 1921, H. 1, S. 5.

Kelsen, Der Staatsbegriff und die Psychoanalyse, Almanach für das Jahr 1927, Internationaler Psychoanalytischer Verlag, Wien 1927, S. 135-141.

Kelsen, die Lehre von den drei Gewalten oder Funktionen des Staates, FS zu I. Kants 200. Geb., Archiv für Rechts- und Wirtschaftsphilosophie, Berlin, XVII. Bd. 1923/24, S. 374-408.

Kelsen, Foundations of Democracy, Ethics 1955, Bd. 66, Nr. 1, Teil 2, S. 1-101.

Kelsen, Geschworenengericht und Demokratie, Das Prinzip der Legalität, Neue Freie Presse, Wien, Nr. 23128, 3. 2. 1929.

Kelsen, Verteidigung der Demokratie, Abhandlungen zur Demokratietheorie, hrsg. von M. Jestaedt und O. Lepsius, Mohr Siebeck, Tübingen 2006.

Kelsen, Wissenschaft und Demokratie, Neue Zürcher Zeitung, Nr. 321, 23. Februar 1936, S. 1-2; Nr. 327, 24. Februar 1937, S. 1-2.

Kelsen, Justiz und Verwaltung, Zeitschrift für soziales Recht 1929, S. 1-25.

Kelsen, Staat und Recht, Zum Problem der soziologischen oder juristischen Erkenntnis des Staates, Kölner Vierteljahresschrift für Soziologie, Reihe A: Soziologische Hefte, 2. Jahrgang, 1922, S. 18-37.

Kelsen, Staatsform und Rechtsform, Zeitschrift für öffentliches Recht, V. Bd., 1925/26, S. 73-93.

Kelsen, Staatsform und Weltanschauung, J. C. B. Mohr (P. Siebeck), Tübingen 1933.

Kelsen, Verteidigung der Demokratie, Blätter d. Staatspartei 1932, S. 90-98.

Kelsen, Vom Wesen und Wert der Demokratie, 2. Auflage, Mohr, Tübingen 1929, Nachdruck: Reclam, Stuttgart 2018, mit Nachwort von K. Zeleny.

Kelsen, Was ist ein Rechtsakt? Österreichische Zeitschrift für öffentliches Recht, Neue Folge, 4. Band, 1951/52, Heft 3, S. 263 bis 274.

Kelsen, Was ist Gerechtigkeit? (Franz Deuticke, Wien 1953), Reclam (Nr. 18076), Stuttgart 2000, mit Nachwort von Walter.

Kelsen, Wer soll der Hüter der Verfassung sein? Die Justiz, 6. Bd., 1931, S. 5-56.

Kelsen, Wesen und Entwicklung der Staatsgerichtsbarkeit, Veröffentlichungen der Vereinigung der Dt. Staatsrechtslehrer 1929, Heft 5, S. 30-88.

Kelsen, Zur Soziologie der Demokratie, Der österreichische Volkswirt, 19. Jahrgang, 1926, Heft 8/9, S. 209-211, 239-242.

Kelsen, Zur Theorie der juristischen Fiktion, Mit besonderer Berücksichtigung von Vaihingers Philosophie des Als-ob, Annalen der Philosophie, 1. Bd., 1919, S. 630-658.

Klun, „Bin ich der Hüter meines Bruders?" Zur philosophischen Begründung einer Nächstenethik, Zweites Seggauer Gespräch, 3. und 4. April 2008: Caritas und Recht, öarr 2008, S. 399 bis 412.

Klun, Andersheit und Verstehen, Synthesis Philosophica 67 (1/2019), S. 141 bis 156.

Klun, Der Tod als Grenze: Zu einer Schlüsselfrage von Emmanuel Levinas, Prolegomena 6 (2) 2007, S. 235-266.

Levinas, Ausweg aus dem Sein: De l'évasion, F. Meiner, Hamburg 2005.

Levinas, Die Spur des Anderen, K. Alber, Freiburg 2012.

Levinas, Die Zeit und der Andere, F. Meiner, Hamburg 2003.

Levinas, Humanismus des anderen Menschen, F. Meiner, Hamburg 2005.

Levinas, Jenseits des Seins oder anders als Sein geschieht, K. Alber, 3. Auflage, Freiburg 2011.

Levinas, Totalität und Unendlichkeit: Versuch über die Exteriorität, K. Alber (Studienausgabe), Freiburg 2013.

Levinas, Vom Sein zum Seienden, K. Alber, Freiburg 2008.

Luhmann, Die Politik der Gesellschaft, 5. Aufl., Suhrkamp, Frankfurt am Main 2019.

Luhmann, Grundrechte als Institution, Ein Beitrag zur politischen Soziologie, 6. Aufl., Duncker & Humblot, Berlin 2019.

Merkl, Baustile des modernen Staates, Universitas: Zeitschrift für Wissenschaft, Kunst und Literatur, Stuttgart 1946, S. 225-241.

Merkl, Das Recht im Spiegel seiner Auslegung, Deutsche Richterzeitung, Hannover 1917, 9. Jahrgang, Heft 7/8, S. 3 ff.

Merkl, Die Funktion der Verfassung, Forum, XI. Jahrgang, 1964, H. 132, S. 583-586.

Merkl, Die Unveränderlichkeit von Gesetzen – ein normlogisches Prinzip, Juristische Blätter, 46. Jahrgang, 1917, S. 97 bis 98 und 109 bis 111.

Merkl, Gesetzesrecht und Richterrecht, Wissenschaftliche Vierteljahresschrift der Prager Juristischen Zeitschrift, 2. Jahrgang, 1922, Heft 12, S. 337 bis 344.

Pačić, Arbeits- und Sozialrecht: Rechtsgrundsätze der Sozialstaatlichkeit, 3. Auflage, NWV, Wien 2020.

Pačić, Das strikte Recht: Zivilrecht, Manz, Wien 2019.

Pačić, Die Rechtsethik der Rechtschaffenen, JRP 2019, S. 10-23.

Pačić, Europäische Demokratie, Working Paper Series by the University of Applied Sciences BFI Vienna, No. 109/2019.

Pačić, Europäische Grundrechte, BoD, Norderstedt 2020.

Pačić, Kein Anrecht auf Unrecht, BoD, Norderstedt 2021.

Pačić, Logik, Ethik, Mystik: Philosophie und Rechtslehre, BoD, Norderstedt 2019.

Pačić, Philosophie des Psychischen, BoD, Norderstedt 2020.

Pfordten, Rechtsphilosophie, C. H. Beck, München 2013.

Pistrol, Vulnerabilität, Erläuterungen zu einem Schlüsselbegriff im Denken Judith Butlers, Zeitschrift für Praktische Philosophie, Band 3, Heft 1, 2016, S. 233 bis 272.

Radbruch, Rechtsphilosophie, 3. Aufl., Verlag von Quelle & Meyer, Leipzig 1932, Nachdruck als Studienausgabe, hrsg. von Dreier/Paulsen, 2. Aufl., C. F. Müller Verlag, Heidelberg 2003.

Schnabel, Das natürliche Privatrecht, K. Gerold, Wien 1842.

Seitz, Gerechtigkeit, ethische Subjektivität und Alterität, Zeitschrift für Prakt. Philosophie Bd. 3, H. 1, 2016, S. 165-202.

Snyder, On Tyranny, Crown, New York 2017.

Stasavage, The Decline and Rise of Democracy, Princeton University Press 2020.

Verdross, Die Erneuerung der materialen Rechtsphilosophie, Zeitschrift für Schweizerisches Recht 1957, S. 181 ff.

Verdross, Die Idee der menschlichen Grundrechte, Anzeiger der philosophisch-historischen Klasse der Österreichischen Akademie der Wissenschaften, 1954, Nr. 23, S. 335 bis 342.

Verdross, Die Würde des Menschen in der abendländischen Rechtsphilosophie, „Naturordnung", Festschrift für Johannes Messner, 1961, S. 353 bis 362.

Verdross, Dynamisches Naturrecht, Forum XII/137, Mai 1965, S. 223-225.

Verein E. Mach (Hrsg.), Wissenschaftliche Weltauffassung: Der Wiener Kreis, Arthur Wolf Verlag, Wien 1929.

Wagner, Philosophie und Reflexion, Reinhardt, München/ Basel 1959.

Wittgenstein, Logisch-philosophische Abhandlung, 37. Aufl., Suhrkamp, Frankfurt am Main 2018.

Zeidler, Bioethik, Menschenwürde und reflektierende Urteilskraft, Synthesis Philosophica, 46 (2/2008), S. 215-223.

Zeidler, Die Dialektik der praktischen Vernunft und ihre Maximen, in: Philosophia perennis, FS für E. Heintel, Teil I, hrsg. von H. Klein und J. Reikerstorfer, Peter Lang, Frankfurt am Main 1993, 257-276.

Zeidler, Einführung in die Erkenntnislehre, Skriptum zur VO im WS 2009/10 an der Universität Wien, erstellt von L. Rendl.

Zeidler, Grundriss der transzendentalen Logik, 3. Auflage, Ferstl & Perz, Wien 2017.

Zeidler, Prolegomena zur Wissenschaftstheorie, Königshausen & Neumann, Würzburg 2000.

Zeidler, Vernunft und Erfahrung, Habil., Univ. Wien 1986.

Zeiller, Das natürliche Privat-Recht, 3. Auflage, K. F. Beck, Wien 1819.

Zeillinger, »eins zwei, viele ... « – oder: Ohne Selbst, aber in Gemeinschaft, in: Das Fremde im Selbst – Das Andere im Selben, hrsg. von Flatscher/Loidolt, Königshausen & Neumann, Würzburg 2010, S. 225-247.

Zeillinger, »Kriterien« für Recht und Gerechtigkeit, Europa und die politischen Konsequenzen des Denkens von Jacques Derrida, Ethica 2003, S. 61 bis 69.

Zeillinger, Dem Ereignis nach-denken, in: Treue zur Wahrheit, hrsg. von Knipp/Meier, Unrast, Münster 2010, S. 221-237.

Zeillinger, Der Ort der Zeit, Auf dem Weg zu einer politischen Phänomenologie, in: Zugänge, Ausgänge, Übergänge, hrsg. von Bedorf und Unterthurner, Königshausen & Neumann, Würzburg 2009, S. 107-119.

Zeillinger, Jacques Derrida: Gott im-Kommen, in: Hardt und Stosch (Hrsg.), Für eine schwache Vernunft? Beiträge zu einer Theologie nach der Postmoderne, Matthias-Grünewald-Verlag, Ostfildern 2007, S. 66 bis 83.

Zeillinger, Nachträgliche Humanität und der Ansatz zur Gemeinschaft beim späten Levinas, in: Esterbauer/Ross (Hrsg.), Den Menschen im Blick, FS für Günther Pöltner, Königshausen & Neumann, Würzburg 2012, S. 89 bis 108.

Zeillinger, Phänomenologie des Nicht-Phänomenalen, Spur und Inversion bei Emmanuel Levinas, in: Phänomenologische Aufbrüche, hrsg. von Blaumauer, Fasching und Flatscher, Peter Lang, Frankfurt am Main 2005, S. 161-179.

Zeillinger, Recht gegenüber dem (herrschenden) Recht, Zur Geschichte und Bedeutung des Asyls, Tagung: Flucht und Asyl, Sozialphilosophische Perspektiven, Vortrag vom 22. April 2016 an der Universität Wien.

Zeillinger, Repräsentation einer Leerstelle, oder: Auszug ins Reale, Zur politischen Bedeutung des biblischen Exodus, der historisch nicht stattgefunden hat, Interdisciplinary Journal for Religion and Transformation (2018), Heft 7, S. 212 bis 282.

Zeillinger, Zeugnishaftes Subjekt, in: Tod des Subjekts? hrsg. Zichy/Schmidinger, Tyrolia, Innsbruck 2005, S. 243-262.